Círculo Rojo

El unicornio mágico y la tierra encantada

El unicornio mágico y la tierra encantada

TWO SISTER

Círculo Rojo
EDITORIAL

Primera edición: junio 2024
Segunda edición: octubre 2024

Depósito legal: AL 1635-2024

ISBN: 978-84-1073-749-5
Impresión y encuadernación: Editorial Círculo Rojo

© Del texto: TWO SISTER
© Maquetación y diseño: Equipo de Editorial Círculo Rojo

Editorial Círculo Rojo
www.editorialcirculorojo.com
info@editorialcirculorojo.com

Impreso en España - Printed in Spain

Este libro va dedicado a todos los que han hecho que este proyecto se hiciera realidad y, en especial, a nuestros suscriptores: sin ellos, no hubiera sido posible

Capítulo I.
El Bosque de las Estrellas

Había una vez, en una lejana tierra encantada, un unicornio mágico llamado Luna. Su pelaje era blanco como la nieve y en su frente brillaba un cuerno resplandeciente de tonalidades plateadas y doradas. Luna vivía en el Bosque de las Estrellas, donde los árboles susurraban secretos antiguos y las flores bailaban al compás del viento.

Luna poseía un don especial: podía transformar los sueños de los niños en realidad. Cada noche, mientras la luna iluminaba el cielo, Luna salía de su escondite mágico para esparcir polvo de estrellas por toda la tierra. Este polvo tenía el poder de hacer que los sueños más hermosos y apasionados se hicieran realidad.

Un día, Luna conoció a un niño llamado Nicolás, cuyo corazón estaba lleno de esperanza y alegría. Nicolás había perdido a su perro, un pequeño cachorro llamado Rayo, y su corazón estaba triste.

Luna, al ver la tristeza en los ojos de Nicolás, decidió hacer algo especial. Esa noche, mientras Nicolás dormía, Luna derramó su polvo de estrellas sobre él y susurró palabras mágicas al viento.

Al despertar, Nicolás se encontró en un prado lleno de flores de colores vibrantes. A su lado, jugando y correteando, estaba

Rayo, más feliz y travieso que nunca. Nicolás no podía creer lo que veía: ¡sus sueños se habían hecho realidad!

Agradecido, Nicolás abrazó a Luna y le prometió cuidar de ese regalo mágico. Desde ese día, Luna y Nicolás compartieron muchas aventuras en la Tierra Encantada.

Juntos, exploraron bosques encantados, nadaron en ríos de luz y volaron sobre nubes esponjosas.

La amistad entre Nicolás y Luna se convirtió en una leyenda en la Tierra Encantada recordada por generaciones como un ejemplo del poder de los sueños y la magia que reside en los corazones puros.

El unicornio mágico Luna continuó esparciendo su polvo de estrellas, haciendo que los sueños de niños de todo el mundo se hicieran realidad, recordándonos que la magia está siempre presente para aquellos que creen en ella.

Con el paso del tiempo, la fama de Luna y Nicolás se extendió más allá de la Tierra Encantada. Los niños de todos los rincones del mundo comenzaron a enviar sus sueños y deseos al viento esperando que Luna, con su cuerno resplandeciente, los hiciera realidad.

Luna, siempre atento a los corazones sinceros, continuaba viajando por los cielos nocturnos. Sin embargo, un día, mientras exploraba un rincón lejano de la Tierra Encantada, descubrió que algo no estaba bien.

El Bosque de las Estrellas, que solía brillar con una luz mágica, estaba perdiendo su resplandor.

Preocupado por la salud de su hogar, Luna decidió emprender un viaje en busca de respuestas. Nicolás, siendo su leal amigo, se unió a él en esta nueva aventura. Juntos, atravesaron praderas de cristal, cruzaron ríos de luz y ascendieron a las Montañas de los Sueños Olvidados.

En su travesía, Luna y Nicolás descubrieron que la magia de la Tierra Encantada estaba conectada a la creencia y los sueños de las personas en todo el mundo. A medida que la gente dejaba de creer en la magia, el resplandor del bosque disminuía.

Determinados a devolverle la luz a su hogar, Luna y Nicolás decidieron emprender una misión para recordarle a la gente la importancia de creer en la magia.

Viajaron a través de pueblos y ciudades contando la historia de sus aventuras mágicas y recordando a todos la importancia de conservar la chispa de la imaginación.

Niños y adultos, inspirados por la historia de Luna y Nicolás, comenzaron a creer nuevamente en la magia de los sueños.

A medida que la creencia se extendía, el Bosque de las Estrellas volvía a brillar con intensidad.

Luna, Nicolás y todos los habitantes de la Tierra Encantada lo celebraron con alegría sabiendo que la magia nunca moriría mientras existiera la fe en los corazones de las personas.

Con su misión cumplida, Luna y Nicolás regresaron a sus exploraciones diarias esparciendo aún más magia por todo el mundo. La Tierra Encantada seguía siendo un lugar de maravillas, recordándonos que la magia y la alegría siempre están disponibles para aquellos que creen en la magia del unicornio y en la magia que vive en sus propios sueños.

Capítulo II.
La Estrella del Crepúsculo

Un día, mientras Luna y Nicolás exploraban una nueva región de la Tierra Encantada, se toparon con un enigma misterioso. Una antigua profecía hablaba de un objeto mágico, la Estrella del Crepúsculo, que tenía el poder de renovar la magia del bosque y fortalecer la conexión entre la Tierra Encantada y el mundo de los humanos.

Animados por la idea de mantener viva la magia para siempre, Luna y Nicolás decidieron embarcarse en una búsqueda para encontrar la Estrella del Crepúsculo. La profecía indicaba que solo aquellos cuyos corazones estuvieran llenos de amor y esperanza podrían descubrir la ubicación de la valiosa estrella.

Durante su búsqueda, enfrentaron desafíos emocionantes y superaron pruebas mágicas que pusieron a prueba su amistad y su fe en la magia. En su viaje, conocieron a criaturas encantadas y seres mágicos que los guiaron con sabiduría.

Finalmente, llegaron a la Cima de la Aurora, donde la Estrella del Crepúsculo reposaba en un pedestal de cristal. Pero, para su sorpresa, la estrella no brillaba con todo su esplendor.

Comprendieron que debían compartir la historia de su viaje y transmitir la importancia de la magia y la creencia en todo el mundo.

Nicolás, con el corazón lleno de gratitud, escribió un libro mágico que contenía la historia de Luna, sus aventuras y la búsqueda de la Estrella del Crepúsculo. El libro fue llevado por el viento a cada rincón del mundo llegando a manos de niños y adultos por igual.

A medida que la gente leía la historia de Luna y Nicolás, la magia se avivaba en los corazones de todos. La Estrella del Crepúsculo comenzó a brillar con una luz deslumbrante iluminando el Bosque de las Estrellas y restaurando su antiguo resplandor.

La Tierra Encantada y el mundo de los humanos quedaron entrelazados por la magia, y Luna y Nicolás continuaron esparciendo su encanto por toda la tierra.

La magia del unicornio y la Estrella del Crepúsculo se convirtieron en símbolos de esperanza y sueños recordándonos que, mientras creamos en la magia de la amistad y la imaginación, siempre habrá un resplandor mágico en nuestras vidas.

Emocionados por el renacer de la magia en la Tierra Encantada, Luna y Nicolás decidieron compartir la luz de la Estrella del Crepúsculo con el mundo de los humanos. Con cada página del libro mágico de Nicolás que se abría, la magia se extendía a través de dichas páginas y llegaba a los corazones de quienes lo leían.

En todas partes, niños y adultos comenzaron a experimentar la magia en sus vidas de formas sorprendentes. Los sueños cobraban vida, la esperanza florecía y la imaginación se volvía más vívida que nunca.

La conexión entre la Tierra Encantada y el mundo humano se fortaleció creando un puente mágico que permitía a la magia fluir libremente entre ambos mundos.

La Estrella del Crepúsculo, iluminando el Bosque de las Estrellas con su resplandor renovado, se convirtió en un faro de esperanza para todos. La gente viajaba desde lejos para presenciar la magia de la Tierra Encantada y los corazones de aquellos que creían en la magia del unicornio se llenaban de alegría y asombro.

Capítulo III.
El Jardín de los Sueños

Luna y Nicolás, agradecidos por la oportunidad de compartir la magia con el mundo, decidieron establecer un lugar especial en el Bosque de las Estrellas. Crearon el Jardín de los Sueños, donde las flores brillaban con colores mágicos y los arroyos susurraban canciones de esperanza. Este jardín se convirtió en un refugio para todos aquellos que buscaban la magia en sus vidas.

Con el tiempo, el Bosque de las Estrellas y el Jardín de los Sueños se convirtieron en destinos mágicos visitados por personas de todas las edades.

Luna y Nicolás, acompañados por nuevos amigos que se unieron a ellos en sus viajes, continuaron esparciendo la magia por todo el mundo, inspirando a generaciones futuras a creer en la magia que vive en sus corazones.

La historia de Luna, Nicolás y la Estrella del Crepúsculo se convirtió en una leyenda atemporal recordándonos que la magia persiste siempre que hay amor, amistad y la creencia inquebrantable en los sueños. La Tierra Encantada y el mundo humano, unidos por la magia, florecieron en un eterno resplandor de esperanza y maravilla.

A medida que el Bosque de las Estrellas y el Jardín de los Sueños se convertían en destinos mágicos conocidos en todo el mundo, Luna y Nicolás decidieron crear un evento especial: el Festival de las Estrellas. Este festival se celebraría cada año en la Tierra Encantada y atraería a personas de todas partes para celebrar la magia, la amistad y la conexión entre los dos mundos.

Durante el Festival de las Estrellas, el Bosque de las Estrellas se iluminaba con luces resplandecientes y el aroma de las flores mágicas llenaba el aire.

Había juegos, actuaciones mágicas y espectáculos que dejaban a los visitantes maravillados. Luna, Nicolás y sus amigos compartían historias encantadoras y animaban a todos a creer en la magia que reside en cada uno.

El punto culminante del festival era la ceremonia de encendido de la Estrella del Crepúsculo. Cada año, un niño o niña de corazón puro tenía el honor de activar la estrella, renovando la magia que fluía entre los dos mundos. El resplandor de la estrella se reflejaba en los ojos de quienes presenciaban el momento recordándoles la importancia de la esperanza y los sueños.

A lo largo de los años, el Festival de las Estrellas se convirtió en una tradición querida, un evento en el que las familias se reunían para celebrar la magia y la maravilla de la vida. La Tierra Encantada y el mundo humano, antes separados por la realidad y la fantasía, ahora compartían un lazo inseparable gracias a la magia generosa de Luna, Nicolás y la Estrella del Crepúsculo.

La historia de Luna y Nicolás continuó, extendiéndose por generaciones. La magia del unicornio y la Estrella del Crepúsculo perduró en el tiempo recordándonos que, incluso en los momentos más oscuros, la luz de la esperanza siempre puede brillar con fuerza uniendo a las personas a través de la magia eterna de los sueños.

Con cada año que pasaba, el Festival de las Estrellas crecía en magnificencia y en la cantidad de personas que asistían formando una comunidad global unida por la magia compartida. Luna y Nicolás se convirtieron en símbolos de esperanza y amistad, y sus aventuras se contaban de generación en generación.

En el Jardín de los Sueños, nuevas flores mágicas comenzaron a florecer, cada una representando los sueños y anhelos de aquellos que visitaban el lugar. Los arroyos, ahora impregnados de magia renovada, cantaban canciones que reflejaban la alegría y la inspiración de aquellos que creían en la magia.

Luna y Nicolás, aunque eternos en su esencia, compartieron su sabiduría con jóvenes guardianes que se unieron a ellos en la preservación de la magia. Juntos, continuaron explorando nuevos rincones de la Tierra Encantada, descubriendo secretos ocultos y difundiendo la magia en cada rincón del mundo.

El Festival de las Estrellas también se convirtió en un momento para que los habitantes de la Tierra Encantada y los humanos compartieran conocimientos y tradiciones. Se tejieron lazos más fuertes entre ambos mundos y la gente aprendió a apreciar y cuidar la magia que reside en la naturaleza, los sueños y la amistad.

En un rincón especial del Bosque de las Estrellas, Luna y Nicolás erigieron un monumento en honor a la unión mágica entre la Tierra Encantada y el mundo humano.

La estatua representaba a Luna y Nicolás con la Estrella del Crepúsculo brillando sobre ellos, recordando a todos que la magia es un regalo eterno que conecta a todas las criaturas.

Con el paso de los años, la historia de Luna y Nicolás se convirtió en un cuento legendario que inspiraba a aquellos que lo escuchaban a creer en la magia que vive en sus propios corazones. El Festival de las Estrellas continuó siendo un recordatorio anual de que, sin importar la edad o el lugar, siempre hay espacio para la maravilla y la magia en nuestras vidas.

La magia del unicornio, la Estrella del Crepúsculo y la amistad perduraron tejidas en los sueños de aquellos que creían en la eterna conexión entre la Tierra Encantada y el mundo humano.

A medida que la magia del Festival de las Estrellas continuaba extendiéndose por todo el mundo, Luna y Nicolás observaron con alegría cómo la Tierra Encantada y el mundo humano florecían en armonía.

El puente mágico entre ambos mundos se fortaleció permitiendo que la magia fluyera en ambas direcciones de manera más poderosa que nunca.

En el Bosque de las Estrellas, las criaturas mágicas y los guardianes de la magia trabajaban juntos para preservar la belleza y el equilibrio del lugar.

Cada rincón del bosque estaba lleno de la risa de las hadas, el aleteo de las mariposas mágicas y el suave susurro de los árboles, que compartían historias de épocas pasadas.

El Jardín de los Sueños se convirtió en un lugar de reflexión y meditación donde aquellos que buscaban la magia podían encontrar la paz interior y la inspiración. Las flores mágicas seguían floreciendo con colores deslumbrantes, cada una contando la historia única de quienes las visitaban.

La relación entre la Tierra Encantada y el mundo humano se consolidó aún más a medida que surgían amistades entre los habitantes de ambos lugares. Niños humanos y criaturas mágicas compartían cuentos y juegos recordando a todos que la diversidad y la amistad eran los cimientos de una sociedad mágica y armoniosa.

Capítulo IV.
La ceremonia de intercambio de sueños

En el Festival de las Estrellas, una nueva tradición se añadió: la ceremonia de intercambio de sueños. Durante esta ceremonia, los niños de ambos mundos intercambiaban pequeños objetos que simbolizaban sus sueños más preciados. Esta práctica fortalecía aún más los lazos entre las dos comunidades recordándoles que los sueños, sin importar de dónde vinieran, eran valiosos y compartidos por todos.

Con el tiempo, Luna y Nicolás se convirtieron en leyendas veneradas; sus imágenes, adoradas por aquellos que creían en la magia de la amistad y la conexión entre los mundos.

Aunque su presencia física no era siempre visible, su espíritu vivía en cada rincón de la Tierra Encantada y en los corazones de aquellos que continuaban creyendo en la magia.

La historia de Luna, Nicolás y la Estrella del Crepúsculo se convirtió en un cuento eterno, transmitido de generación en generación como un recordatorio de que la magia está presente en cada ser esperando ser descubierta por aquellos que mantienen sus corazones abiertos a los sueños y la maravilla.

Y, así, la Tierra Encantada y el mundo humano vivieron en armonía, siempre unidos por la magia que fluye entre ellos.

A medida que el tiempo avanzaba, la conexión entre la Tierra Encantada y el mundo humano se volvía más fuerte y más profunda. La magia del Festival de las Estrellas se había convertido en un faro de esperanza para aquellos que necesitaban recordar la belleza y la maravilla que la vida podía ofrecer.

Luna y Nicolás, aunque sus formas físicas no envejecían, continuaban creciendo en sabiduría y comprensión. Guiaban a los jóvenes guardianes de la magia con paciencia y afecto asegurándose de que la armonía entre los dos mundos se mantuviera fuerte. Su presencia se sentía en cada rincón desde la luminosidad del Bosque de las Estrellas hasta la serenidad del Jardín de los Sueños.

El intercambio de sueños durante el Festival de las Estrellas se convirtió en un evento anual esperado, en el que niños de ambos mundos compartían sus esperanzas y aspiraciones más profundas.

Estos pequeños objetos se volvían amuletos de conexión recordándoles a todos que, aunque los caminos de la vida fueran diferentes, los sueños eran un puente que unía a las personas de maneras inesperadas.

El Bosque de las Estrellas también se convirtió en un lugar de aprendizaje mágico donde los habitantes de la Tierra Encantada compartían conocimientos antiguos con aquellos humanos que buscaban comprender mejor la magia que residía en sus corazones. El intercambio de sabiduría se volvía bidireccional creando un tejido rico de comprensión mutua.

Capítulo V.
La Biblioteca de los Sueños

En el corazón del Bosque de las Estrellas, Luna y Nicolás decidieron construir la Biblioteca de los Sueños, un lugar donde se almacenaban los recuerdos mágicos de ambos mundos.

Libros encantados, pergaminos resplandecientes y reliquias místicas llenaban las estanterías contando historias de amistad, superación y la eterna magia que unía a la Tierra Encantada y al mundo humano.

Con cada página que se añadía a la Biblioteca de los Sueños, la magia crecía y la conexión entre los dos mundos se fortalecía aún más. Luna y Nicolás sabían que, aunque sus aventuras pudieran haber comenzado con un sueño particular, la magia verdadera yacía en la capacidad de cada individuo para creer en lo extraordinario, en su capacidad de soñar y en la voluntad de compartir esa magia con los demás.

Y, así, la Tierra Encantada y el mundo humano vivieron en una armonía duradera recordándonos a todos que, a través de la magia de los sueños y la amistad, podemos construir puentes que trascienden los límites de la realidad y nos conectan en un tejido eterno de maravilla y esperanza.

En la Biblioteca de los Sueños, Luna y Nicolás inauguraron una tradición especial: la Noche de las Historias Mágicas. Durante esta noche única, tanto habitantes de la Tierra Encantada como seres humanos se reunían para compartir relatos de magia, aventuras y enseñanzas que habían experimentado a lo largo de los años.

Cada relato quedaba grabado en un antiguo libro mágico que resplandecía con la luz de la sabiduría compartida. La Biblioteca de los Sueños se llenaba de risas, susurros y melodías mágicas mientras las historias se entrelazaban formando una red de conexiones místicas entre los dos mundos.

La noche era especialmente significativa porque recordaba a todos la importancia de la diversidad y la riqueza que cada mundo aportaba al otro.

Los cuentos de valentía de las criaturas mágicas inspiraban a los humanos, mientras que las historias de la creatividad y la imaginación humana llenaban de asombro a los habitantes de la Tierra Encantada.

En esta Noche de las Historias Mágicas, una sorpresa extraordinaria aguardaba a todos.

Luna y Nicolás invitaron a los niños más pequeños de la Tierra Encantada y del mundo humano a participar en una ceremonia especial.

Estos niños, al intercambiar pequeños objetos que representaban sus sueños, formaban la próxima generación de guardianes de la magia.

La magia fluía entre los niños y las criaturas mágicas creando un lazo aún más fuerte entre los dos mundos. La Biblioteca de los Sueños, testigo de esta ceremonia, se iluminaba con un resplandor dorado simbolizando la continuidad de la magia a través de las generaciones.

A medida que la noche llegaba a su fin, Luna y Nicolás compartieron un mensaje de esperanza y unidad. A través de la magia de los sueños, la amistad y el entendimiento mutuo, la conexión entre la Tierra Encantada y el mundo humano se convertía en un ejemplo vivo de cómo la diversidad podía ser una fuente de fortaleza y enriquecimiento.

Capítulo VI.
La Noche de las Historias Mágicas

La Noche de las Historias Mágicas se convirtió en una tradición anual, una celebración que recordaba a todos que la magia no solo residía en los cuentos de Luna y Nicolás, sino también en la capacidad de cada individuo para soñar, creer y compartir la maravilla que encontraba en su propio corazón.

La Tierra Encantada y el mundo humano, unidos por la magia, continuaron floreciendo en armonía, tejiendo una historia interminable de sueños compartidos, amistad duradera y un vínculo mágico que perduraría por siempre.

Con el éxito de la Noche de las Historias Mágicas, la tradición se consolidó como un evento anual esperado por habitantes de la Tierra Encantada y seres humanos por igual.

La Biblioteca de los Sueños se volvió un lugar aún más vibrante, lleno de recuerdos iluminados y relatos que trascendían las barreras entre ambos mundos.

Los niños que participaban en la ceremonia especial se convertían en Guardianes de los Sueños, dedicados a preservar la magia y la conexión entre la Tierra Encantada y el mundo humano. Estos pequeños guardianes llevaban consigo la responsabilidad de compartir la magia de la amistad y la diversidad extendiendo la llama de la esperanza a las futuras generaciones.

La Noche de las Historias Mágicas también se convirtió en un momento de intercambio cultural entre los habitantes de la Tierra Encantada y los seres humanos.

Se aprendían canciones mágicas, danzas encantadas y recetas de alimentos místicos que unían los sabores de ambos mundos. La diversidad se celebraba como un tesoro fortaleciendo la unión entre las dos comunidades.

En una de estas noches, Luna y Nicolás decidieron llevar la celebración un paso más allá. Invitaron a artistas y creadores de ambos mundos a participar en un proyecto colaborativo: la creación de un mural mágico en la plaza de los Sueños, un lugar céntrico en la Tierra Encantada.

El mural se convirtió en un testimonio visual de la conexión entre los dos mundos. Representaba escenas de amistad, aventura y celebración fusionando los elementos mágicos de la Tierra Encantada con la creatividad y la diversidad humana. Cada pincelada contaba una historia recordándoles a todos que la verdadera magia radicaba en la unión de corazones y sueños compartidos.

A medida que el mural cobraba vida, se volvía un faro brillante que iluminaba la plaza de los Sueños recordando a todos que la magia florecía cuando las diferencias eran apreciadas y los corazones se abrían a la maravilla del otro mundo.

La conexión entre la Tierra Encantada y el mundo humano se manifestaba no solo en palabras, sino también en colores vibrantes y formas encantadoras.

La Tierra Encantada y el mundo humano continuaron prosperando en armonía, compartiendo sus tradiciones, celebrando la diversidad y construyendo puentes mágicos a través de la Noche de las Historias Mágicas y el mural que contaba la historia de su unión.

La magia, alimentada por el espíritu de Luna y Nicolás, persistió como un regalo eterno que unía los dos mundos en una danza de sueños y amistad perdurable.

A medida que el mural mágico en la plaza de los Sueños cobraba vida, se convertía en un símbolo resplandeciente de la colaboración entre la Tierra Encantada y el mundo humano. La plaza se transformó en un lugar de encuentro donde seres mágicos y seres humanos se reunían para compartir risas, historias y la maravilla de la creación artística.

Luna y Nicolás, junto con los Guardianes de los Sueños, organizaron eventos especiales en la plaza para fomentar el intercambio cultural. Hubo festivales de música mágica, espectáculos de danzas encantadas y mercados llenos de tesoros encantadores de ambos mundos. La diversidad se celebraba con alegría y la magia fluía libremente entre los presentes.

El mural, con cada nueva historia y experiencia compartida en la Noche de las Historias Mágicas, evolucionaba. Las imágenes brillaban con mayor intensidad y se descubrían detalles mágicos que parecían cobrar vida. Aquellos que se acercaban al mural sentían una conexión profunda con las escenas representadas, como si las historias compartidas resonaran en sus propios corazones.

Con el tiempo, la plaza de los Sueños se convirtió en un lugar de inspiración para artistas de ambos mundos. Se celebraron concursos de arte mágico en los que las creaciones más asombrosas se sumaban al esplendor del mural. Artistas humanos y seres mágicos trabajaban juntos fusionando sus talentos para crear obras que encantaban a quienes las contemplaban.

La magia del mural se extendía más allá de la plaza. En cada pincelada se contaba la historia de la Tierra Encantada y el mundo humano, recordándoles a ambos que la verdadera riqueza residía en la apreciación mutua y la colaboración. Los Guardianes de los Sueños, con sus pequeños amuletos de intercambio, se convertían en embajadores de la magia y la amistad.

La Noche de las Historias Mágicas y el mural en la plaza de los Sueños se convirtieron en tradiciones anuales que unían a los dos mundos en una celebración de la diversidad y la creatividad.

Luna y Nicolás, desde su escondite mágico en el Bosque de las Estrellas, observaban con alegría cómo la magia que sembraron seguía floreciendo en el corazón de cada persona.

La Tierra Encantada y el mundo humano prosperaron en su convivencia armoniosa tejiendo un tapiz de sueños compartidos, amistad perdurable y un vínculo mágico que perviviría por siempre. La magia de Luna y Nicolás continuó siendo una luz guía para las generaciones venideras recordándoles que, a través del arte, la colaboración y la celebración de la diversidad, podían construir un mundo lleno de maravillas y alegría.

Capítulo VII.
El Festival de las Artes Mágicas

C on el éxito continuo de la plaza de los Sueños como epicentro de la colaboración mágica, Luna y Nicolás decidieron expandir aún más los horizontes de la conexión entre la Tierra Encantada y el mundo humano. Crearon el Festival de las Artes Mágicas, un evento que reunía a artistas de ambos mundos para celebrar la creatividad, la expresión y la magia que residía en cada forma de arte.

Durante el Festival de las Artes Mágicas, la plaza de los Sueños se llenaba de esculturas resplandecientes, pinturas encantadas y *performances* que desafiaban la realidad.

Artistas humanos y seres mágicos compartían sus habilidades únicas fusionando lo mundano y lo mágico en una expresión artística sin igual.

La diversidad de perspectivas y estilos creaba un caleidoscopio de colores y formas que reflejaban la riqueza de ambos mundos.

Luna y Nicolás, junto con los Guardianes de los Sueños, inauguraban el festival con una ceremonia especial: invitaban a artistas a unir sus dones y crear una obra colaborativa en la plaza de los Sueños. Cada pincelada, cada nota musical y cada destello mágico se integraban para formar una obra maestra única que simbolizaba la unidad entre la Tierra Encantada y el mundo humano.

Además de las exhibiciones artísticas, el Festival de las Artes Mágicas incluía talleres creativos en los que seres mágicos y humanos podían aprender unos de otros. Los aprendices de ambos mundos compartían técnicas ancestrales inspirando nuevas formas de expresión artística que trascendían las fronteras de la realidad y la fantasía.

El impacto del Festival de las Artes Mágicas se extendía mucho más allá de la plaza de los Sueños. Los artistas que participaban llevaban consigo la inspiración y las amistades que habían cosechado, diseminando la magia de la creatividad en todos los rincones del mundo.

Obras colaborativas y proyectos conjuntos se multiplicaban fortaleciendo la conexión entre la Tierra Encantada y el mundo humano.

Con cada año que pasaba, el Festival de las Artes Mágicas se convertía en una celebración esperada por todos, uniendo a los dos mundos en una danza de colores, sonidos y emociones.

La magia de Luna y Nicolás, ahora encarnada en las expresiones artísticas compartidas, continuaba siendo un faro de inspiración para las generaciones presentes y futuras.

La Tierra Encantada y el mundo humano, a través del arte y la colaboración, construyeron un lazo mágico que perduró por siempre.

La magia de Luna, Nicolás y todos los artistas que participaron en el Festival de las Artes Mágicas seguía resonando en el corazón de aquellos que creían en la maravilla de la creatividad y la unión entre los dos mundos.

A medida que el Festival de las Artes Mágicas se consolidaba como un evento anual, la plaza de los Sueños se transformaba en un epicentro de inspiración y camaradería entre la Tierra Encantada y el mundo humano. Artistas de todas partes, humanos y criaturas mágicas, se unían para explorar nuevas formas de expresión artística y nutrir la conexión entre ambos mundos.

Luna y Nicolás, en su papel de guías mágicos, observaban con alegría cómo la diversidad de talentos florecía en la plaza de los Sueños. Escultores tallaban figuras que cobraban vida durante la noche, pintores creaban paisajes que se movían con el viento y músicos fusionaban melodías humanas con canciones hechizadas de la Tierra Encantada.

Capítulo VIII.
El Baile de las Estrellas

En la ceremonia de apertura del festival, Luna y Nicolás presentaron una sorpresa especial: el Baile de las Estrellas. Durante este mágico baile, los asistentes eran envueltos por una luz centelleante que reflejaba los colores del crepúsculo. Humanos y seres mágicos danzaban juntos en un torbellino de alegría demostrando que la verdadera magia residía en la armonía entre diferentes mundos.

Los talleres creativos se convirtieron en lugares de intercambio único. Los artistas humanos aprendían a tejer hechizos de luz en sus pinturas, mientras que los seres mágicos incorporaban técnicas humanas en sus obras. La fusión de estilos y métodos creaba piezas únicas que, una vez terminadas, se exhibían en la plaza de los Sueños para que todos pudieran admirarlas.

A medida que el festival ganaba renombre, artistas prestigiosos de ambos mundos se unían al evento compartiendo sus habilidades y llevando la magia a nuevos niveles. La colaboración resultante generaba obras maestras que trascendían lo imaginable, recordándoles a todos que la magia del arte podía construir puentes más allá de la realidad conocida.

La magia del Festival de las Artes Mágicas se esparcía por todo el mundo a medida que las creaciones de la plaza de los Sueños se exhibían en galerías, museos y eventos artísticos internacionales.

La conexión entre la Tierra Encantada y el mundo humano se convertía en un fenómeno global inspirando a artistas de todas partes a explorar nuevas fronteras y compartir sus creaciones mágicas.

Capítulo IX.
El Festival de las Artes Mágicas

C on cada año que pasaba, la plaza de los Sueños se volvía un testamento visual de la conexión entre los dos mundos. Las esculturas, pinturas y creaciones artísticas representaban la colaboración, la diversidad y la armonía entre la Tierra Encantada y el mundo humano. La magia de Luna y Nicolás, ahora plasmada en cada obra, perduraba como un recordatorio eterno de que la creatividad podía romper barreras y unir los corazones en un abrazo de belleza compartida.

La Tierra Encantada y el mundo humano vivieron en una sinfonía de colores y sonidos tejida por el arte y la colaboración. El Festival de las Artes Mágicas continuó siendo un faro de inspiración para las generaciones presentes y futuras recordándoles que, a través del arte, la diversidad se convertía en una fuente de fortaleza y la magia residía en cada trazo creativo compartido.

A medida que la plaza de los Sueños se llenaba de obras maestras y la magia del Festival de las Artes Mágicas se extendía por todo el mundo, Luna y Nicolás decidieron llevar la colaboración artística a un nivel aún más profundo. Inspirados por la creatividad de artistas de ambos mundos, crearon la Academia de las Artes Mágicas, un lugar donde aprendices humanos y seres mágicos podían estudiar y crear juntos.

La academia se estableció en un rincón especial de la Tierra Encantada, donde los alumnos exploraban diversas formas de arte bajo la tutela de maestros talentosos tanto humanos como criaturas mágicas. Los talleres abarcaban desde la pintura y la escultura hasta la magia musical y la danza encantada. Aquí, la magia y la creatividad se entrelazaban formando la base de una educación única.

La visión de Luna y Nicolás era clara: querían que la magia del arte se convirtiera en un puente permanente entre la Tierra Encantada y el mundo humano. Los estudiantes, guiados por la filosofía de colaboración y respeto mutuo, aprendían a apreciar y celebrar las diferencias culturales, mágicas y artísticas.

A medida que los artistas emergentes de la Academia de las Artes Mágicas comenzaron a exhibir sus obras en eventos internacionales, la conexión entre los dos mundos se fortaleció aún más. Las galerías se llenaron con la magia de creaciones que trascendían la realidad conocida dejando a los espectadores maravillados por la diversidad y la belleza de ambas dimensiones.

La influencia de la academia se extendió y artistas de todo el mundo ansiaban ser parte de esta experiencia única. La Tierra Encantada y el mundo humano se convirtieron en destinos para aquellos que buscaban una educación mágica en la que el arte no solo era una forma de expresión, sino también una conexión profunda entre corazones y mundos.

Con el tiempo, la Academia de las Artes Mágicas se convirtió en un faro de inspiración para las generaciones futuras. Los graduados se convirtieron en embajadores de la magia del arte llevando consigo la filosofía de unidad y colaboración a cada rincón del mundo. La creatividad se convirtió en un idioma universal que superaba barreras y construía puentes entre los corazones de aquellos que creían en la magia de los sueños compartidos.

La Tierra Encantada y el mundo humano continuaron viviendo en armonía, tejiendo la magia del arte en el tapiz de su existencia. La Academia de las Artes Mágicas, inspirada por Luna y Nicolás, perduró como un símbolo duradero de cómo la creatividad y la colaboración podían transformar el mundo en un lugar donde la magia vivía en cada rincón, recordándole a todos que la verdadera belleza residía en la diversidad y la conexión compartida entre los dos mundos.

A medida que la Academia de las Artes Mágicas florecía, la Tierra Encantada y el mundo humano se convertían en refugios para artistas apasionados y soñadores. La colaboración entre aprendices humanos y seres mágicos se volvía más intrincada, llevando a la creación de formas de arte nunca antes imaginadas.

Los estudiantes exploraban la magia inherente en sus propias culturas y tradiciones compartiendo sus perspectivas únicas y fusionándolas con las de sus compañeros. La magia del arte enseñada por los talentosos maestros no solo abría puertas a la expresión creativa, sino también a la comprensión mutua y al respeto por las diferencias.

Los festivales y eventos organizados por la Academia de las Artes Mágicas se convirtieron en reuniones globales atrayendo a artistas de todos los rincones del mundo. Las pinturas cobraban vida, las esculturas susurraban historias y las interpretaciones musicales evocaban emociones que conectaban a la audiencia con lo más profundo de su ser.

Con el tiempo, la influencia de la academia se expandió más allá de las aulas y festivales. Se establecieron embajadas artísticas en ciudades mágicas y humanas sirviendo como lugares de intercambio cultural y expresión artística. Los embajadores artísticos formados en la academia viajaban entre los dos mundos llevando consigo el espíritu de colaboración y amor por la magia del arte.

En una de las embajadas, ubicada en el corazón de la plaza de los Sueños, se erigió una escultura única que representaba la unión eterna entre la Tierra Encantada y el mundo humano. Esta obra maestra creada por artistas de ambas dimensiones simbolizaba la fortaleza de la conexión destacando la importancia de la diversidad y la colaboración.

Luna y Nicolás, con el paso de los años, se convirtieron en mentores legendarios que guiaban a los estudiantes con sabiduría y afecto. Su presencia, aunque sutil, se sentía en cada pincelada, en cada nota musical y en cada escultura mágica.

Los fundadores de la Academia de las Artes Mágicas se volvieron guardianes eternos de la creatividad y la conexión entre los dos mundos.

La magia del arte se convirtió en un lazo perdurable entre la Tierra Encantada y el mundo humano.

La Academia, con sus graduados dispersos por todo el globo, continuó inspirando a generaciones a construir un mundo donde la diversidad y la creatividad eran celebradas.

La colaboración mágica entre los artistas de ambos mundos perduró como una luz guía recordándoles a todos que, a través del arte, podían construir un puente mágico que conectaba sus corazones y sus sueños para siempre.

A medida que los años avanzaban, la Academia de las Artes Mágicas seguía siendo un faro de creatividad y conexión. Los graduados, ya convertidos en artistas consumados, regresaban a sus comunidades para compartir la magia que habían aprendido. Los talleres se multiplicaban, las galerías se llenaban de nuevas expresiones y el mundo se transformaba en un lienzo vivo de colores y sueños compartidos.

La plaza de los Sueños, con su escultura única que simbolizaba la unión de ambos mundos, se volvía un lugar de peregrinación para amantes del arte y buscadores de inspiración. La obra maestra, iluminada por la magia del crepúsculo, contaba la historia de la colaboración entre la Tierra Encantada y el mundo humano recordándoles a todos que la fuerza de la diversidad y la conexión perduraba en el corazón de la existencia.

Capítulo X.
El Festival de
las Estrellas Renacientes

Luna y Nicolás, convertidos en leyendas inmortales, seguían guiando a través de la magia de su influencia. Sus enseñanzas inspiraban a los artistas a explorar lo desconocido, a abrazar la diversidad y a construir puentes que conectaran corazones. Aunque sus figuras no eran siempre visibles, su presencia se sentía en cada rincón donde el arte florecía.

El mundo, transformado por la magia del arte y la colaboración, se había convertido en un testimonio vivo de la posibilidad de unión entre mundos aparentemente diferentes. La Tierra Encantada y el mundo humano vivían en armonía celebrando la riqueza de sus diferencias y la magia que surgía cuando se unían.

En la Plaza de los Sueños, se celebraba un evento especial cada década: el Festival de las Estrellas Renacientes. Durante este festival, los artistas de ambos mundos presentaban obras que encapsulaban el espíritu continuo de colaboración y creatividad. Cada pieza brillaba con la luz de las estrellas, recordándoles a todos que, a través del arte, podían mantener viva la llama de la magia compartida.

La magia del arte, nutrida por la Academia de las Artes Mágicas y guiada por el espíritu eterno de Luna y Nicolás, seguía siendo un lazo perdurable entre la Tierra Encantada y el mundo humano. La colaboración artística, arraigada en la comprensión y el respeto mutuo, era la fuerza que sostenía la unión entre los dos mundos creando una sinfonía eterna de belleza, diversidad y magia.

A medida que el Festival de las Estrellas Renacientes iluminaba la plaza de los Sueños con la magia resplandeciente de las obras artísticas, una nueva generación de artistas emergía lista para llevar consigo la llama de la colaboración a través de los próximos años. La Academia de las Artes Mágicas continuaba siendo un refugio para los soñadores y apasionados del arte donde la creatividad fluía como un río interminable que conectaba los dos mundos.

La escultura en la plaza de los Sueños, con cada década que pasaba, se transformaba.

Nuevos detalles y elementos mágicos se añadían reflejando la evolución constante de la conexión entre la Tierra Encantada y el mundo humano. La obra maestra se volvía un testamento vivo de la magia compartida y la armonía duradera entre ambos mundos.

En la academia, los maestros y estudiantes exploraban constantemente nuevas formas de arte que fusionaban la magia ancestral de la Tierra Encantada con las expresiones artísticas contemporáneas de los seres humanos. La colaboración no solo se limitaba a las aulas, sino que se extendía a proyectos comunitarios, festivales internacionales y eventos que celebraban la diversidad de la creación artística.

Los embajadores artísticos, formados en la academia, continuaban viajando entre los dos mundos llevando consigo las enseñanzas de Luna y Nicolás. Estos embajadores se convertían en catalizadores de la creatividad y la conexión inspirando a nuevas generaciones de artistas a explorar los límites de la magia del arte y construir puentes que unieran corazones de maneras inimaginables.

En el Festival de las Estrellas Renacientes, la magia de las nuevas obras provocaba suspiros de asombro y alegría. Los artistas presentaban instalaciones interactivas, *performances* que desafiaban la realidad y pinturas que evocaban emociones nunca antes experimentadas. La plaza de los Sueños se llenaba de la esencia misma de la colaboración recordándole a todos que la magia compartida era la fuerza que tejía la maravillosa sinfonía de la existencia.

Con el paso del tiempo, la Academia de las Artes Mágicas no solo era un lugar de aprendizaje, sino un faro que guiaba a la humanidad y a las criaturas mágicas hacia un futuro en el que la creatividad y la conexión eran los pilares fundamentales. Luna y Nicolás, como guardianes eternos, observaban con satisfacción cómo la magia del arte seguía siendo el lazo perdurable que sostenía la unión entre la Tierra Encantada y el mundo humano.

Y, así, la sinfonía eterna de belleza, diversidad y magia continuaba resonando, nutriendo los corazones de aquellos que creían en la posibilidad de un mundo donde la colaboración artística era la fuerza que tejía la realidad en un tapiz mágico de sueños compartidos.

Con el paso de los años, la plaza de los Sueños se convirtió en un epicentro de inspiración y asombro. La escultura mágica en su centro, ahora una amalgama de estilos y elementos mágicos, irradiaba una luz que cambiaba con las emociones del momento. La conexión entre la Tierra Encantada y el mundo humano se manifestaba no solo en las obras de arte, sino en la energía palpable que llenaba el lugar.

Los artistas de la Academia de las Artes Mágicas, guiados por la visión de Luna y Nicolás, expandían constantemente las fronteras de la creatividad. Nuevas formas de arte surgían fusionando tradiciones milenarias con tecnologías contemporáneas. La magia compartida en la academia se convertía en un faro que atraía a soñadores y creadores de todos los rincones del mundo.

Los embajadores artísticos continuaban sus travesías llevando consigo las experiencias de la academia a lugares remotos. Dondequiera que fueran, tejían la magia del arte en la trama de la realidad inspirando a comunidades enteras a abrazar la diversidad y a explorar la riqueza que surgía cuando los corazones se unían en colaboración.

El Festival de las Estrellas Renacientes se volvía cada vez más grandioso atrayendo a una audiencia global ávida de experimentar la magia única que surgía de la colaboración entre la Tierra Encantada y el mundo humano. Artistas emergentes y maestros venerados se mezclaban en una danza de creatividad demostrando que la verdadera magia residía en la unión de visiones diversas.

La sinfonía eterna de belleza, diversidad y magia resonaba más allá de la plaza de los Sueños y se extendía por todas partes. Galerías efímeras aparecían en los rincones más inesperados del mundo, donde las obras de artistas de la academia se presentaban junto con las creaciones de talentos locales. Las fronteras entre los dos mundos se desvanecían y el arte se convertía en un puente que conectaba a la humanidad.

En el corazón de la Academia, Luna y Nicolás continuaban siendo guías atemporales. Aunque sus formas originales no estuvieran físicamente presentes, su influencia perduraba en cada rincón de la academia. Los estudiantes, al absorber sus lecciones, se convertían en portadores de la llama mágica llevando consigo la responsabilidad de preservar y expandir la conexión entre los dos mundos.

La sinfonía de la colaboración artística resonaba a través de las generaciones. La magia del arte, cultivada en la Academia de las Artes Mágicas, se convertía en una fuerza poderosa que impulsaba a la Tierra Encantada y al mundo humano hacia un futuro en el que la diversidad era celebrada, los corazones se unían en armonía y la magia compartida perduraba como un testamento a la posibilidad de construir un mundo de sueños compartidos.

Capítulo XI.
El Día de la Unión Creativa

En un día especial, marcando un nuevo capítulo en la historia de la colaboración entre la Tierra Encantada y el mundo humano, los estudiantes de la Academia de las Artes Mágicas idearon una celebración única: el Día de la Unión Creativa. Durante este día, artistas de todas partes del mundo se unían en proyectos colaborativos que abrazaban la diversidad cultural y mágica.

La plaza de los Sueños, ya impregnada de energía mágica, se transformaba en un escenario global donde las creaciones conjuntas cobraban vida.

La escultura en su centro respondía a la colaboración al brillar con una luz resplandeciente reflejando la armonía entre los dos mundos. Los participantes compartían sus experiencias fusionando perspectivas únicas para crear obras que trascendían las barreras conocidas del arte.

El Día de la Unión Creativa se expandía más allá de la plaza, extendiéndose por ciudades y comunidades de ambos mundos. Proyectos de arte colaborativos surgían en los lugares más inesperados: desde murales en paredes urbanas hasta instalaciones mágicas en entornos naturales. La magia compartida se convertía en un catalizador para la unidad y la comprensión entre culturas diversas.

Los embajadores artísticos, ahora veteranos que habían experimentado los frutos de la colaboración a lo largo de los años, lideraban iniciativas que unían a artistas jóvenes y experimentados

Talleres, charlas inspiradoras y eventos culturales se multiplicaban creando un tejido interconectado de creatividad que abarcaba ambos mundos.

La sinfonía de la colaboración artística, encabezada por la Academia de las Artes Mágicas, se convertía en un movimiento cultural que inspiraba a la humanidad y a las criaturas mágicas por igual. La visión de Luna y Nicolás, ahora encarnada en la vibrante comunidad artística, guiaba a las generaciones futuras hacia un mundo donde la magia del arte era la fuerza que sostenía la existencia.

Con cada Día de la Unión Creativa, la conexión entre la Tierra Encantada y el mundo humano se fortalecía. La magia compartida se volvía una forma de vida, un recordatorio constante de que la colaboración y la creatividad podían superar cualquier barrera. En la plaza de los Sueños, la escultura continuaba transformándose, llevando consigo la historia en constante evolución de la unión entre los dos mundos.

Y, así, la magia del arte y la colaboración florecían eternamente recordándole a la humanidad y a las criaturas mágicas que, a través de la unión creativa, podían construir un mundo donde los sueños compartidos se convertían en la realidad misma.

En cada Día de la Unión Creativa, la plaza de los Sueños se convertía en un espectáculo de maravillas en el que artistas de todas las edades y orígenes se congregaban para celebrar la magia del arte compartido. La escultura en el centro de la plaza se transformaba de manera única para reflejar la esencia de las colaboraciones del día, brillando con una luz que parecía resonar con la alegría y la diversidad de las creaciones.

Los proyectos colaborativos se extendían por los rincones más lejanos de ambos mundos. En ciudades humanas y en escondites mágicos, los artistas se unían para tejer narrativas visuales que expresaban la riqueza de sus culturas y la magia que surgía cuando colaboraban. La creatividad fluía como un río interminable nutriendo la conexión entre la Tierra Encantada y el mundo humano.

Los embajadores artísticos, convertidos en mentores y guías, dirigían talleres interdimensionales durante el Día de la Unión Creativa. Compartían técnicas ancestrales, trucos mágicos y secretos creativos que habían aprendido a lo largo de los años. Los aprendices, con ojos llenos de asombro, absorbían la magia de estas lecciones, llevándolas consigo para alimentar la llama de la colaboración en sus propias comunidades.

En un rincón especial de la plaza de los Sueños se erigió un monumento conmemorativo para honrar la visión eterna de Luna y Nicolás. La escultura representaba a los fundadores de la Academia de las Artes Mágicas rodeados de estudiantes de todas las razas y especies unidos en la creación de arte que trascendía los límites de lo conocido. Este monumento se convertía en un recordatorio tangible de la importancia de la conexión y la colaboración entre los dos mundos.

Con el tiempo, el Día de la Unión Creativa no solo se limitaría a un evento anual, sino que se convertiría en un movimiento global que inspiraría a artistas y comunidades durante todo el año. Proyectos colaborativos se desarrollaban en todo el mundo impulsados por el deseo de celebrar la diversidad y la magia que surgía cuando los corazones creativos se unían.

La sinfonía de la colaboración resonaba en cada rincón construyendo un mundo donde la magia del arte se convertía en un lazo perdurable entre la Tierra Encantada y el mundo humano.

Los sueños compartidos de Luna y Nicolás, personificados en la vibrante realidad del Día de la Unión Creativa, se convertían en un testimonio vivo de la posibilidad de construir un mundo donde la creatividad y la conexión eran las fuerzas que unían los corazones y las dimensiones para siempre.

El Día de la Unión Creativa se convirtió en un fenómeno global marcando un cambio revolucionario en la forma en que la magia del arte conectaba a la Tierra Encantada y el mundo humano. Artistas de todos los rincones se inspiraban mutuamente derribando barreras culturales y compartiendo su visión única del mundo a través de la creatividad.

La escultura en la plaza de los Sueños, iluminada por la luz de las colaboraciones, se volvía más intrincada con cada celebración. Elementos mágicos se entrelazaban con representaciones simbólicas de la Tierra Encantada y la diversidad humana. Era un testimonio tangible de la evolución continua de la colaboración entre los dos mundos.

La Academia de las Artes Mágicas se transformó en un faro global de conocimiento y creatividad. Estudiantes de todos los rincones acudían a sus aulas buscando no solo aprender las artes mágicas, sino también sumergirse en un entorno donde la colaboración y la conexión eran la esencia misma de la educación.

Los embajadores artísticos, una vez aprendices, ahora se convertían en líderes influyentes que desempeñaban un papel crucial en la expansión de la magia del arte. Organizaban programas de intercambio conectando artistas de diferentes culturas y creando redes que fortalecían la colaboración internacional. La visión de Luna y Nicolás se manifestaba en la realidad, donde la diversidad no era solo tolerada, sino celebrada.

El monumento en la plaza de los Sueños se convertía en un lugar de peregrinación para artistas y amantes del arte de todo el mundo. Visitantes de ambos mundos se maravillaban ante la representación eterna de la colaboración entre Luna, Nicolás y sus estudiantes. Era un recordatorio de que la verdadera magia residía en la conexión compartida entre corazones creativos.

A medida que las generaciones avanzaban, el movimiento global de colaboración artística se extendía a nuevos horizontes. Iniciativas sostenibles, proyectos de arte con impacto social y narrativas interactivas que exploraban la historia compartida de los dos mundos emergían como resultado de la creatividad colectiva.

El Día de la Unión Creativa no solo se limitaba a la plaza de los Sueños, sino que se expandía a ciudades, comunidades y rincones escondidos donde la magia del arte podía florecer. La sinfonía eterna de belleza, diversidad y magia se convertía en un himno que resonaba en cada rincón recordándole al mundo que, a través de la colaboración artística, podían construir un futuro en el que los sueños compartidos se convertían en la realidad misma.

Con el éxito del Día de la Unión Creativa, la sinfonía de la colaboración artística resonaba aún más fuerte en cada rincón de la Tierra Encantada y el mundo humano. Las festividades se expandían a nuevos territorios alcanzando lugares remotos donde la magia del arte inspiraba a comunidades enteras a abrazar la diversidad y a construir puentes a través de la creatividad.

La escultura en la plaza de los Sueños, ahora considerada un tesoro mundial, se volvía un lugar de encuentro para líderes de ambas dimensiones. Consejos conjuntos entre la Tierra Encantada y representantes humanos se llevaban a cabo para fortalecer aún más los lazos culturales y artísticos entre los dos mundos.

La magia compartida se convertía en un lenguaje común que trascendía las palabras.

La Academia de las Artes Mágicas se expandía estableciendo sucursales en ciudades de ambos mundos y en territorios mágicos previamente inexplorados. Los maestros, tanto humanos como criaturas mágicas, compartían sus conocimientos y experiencias fomentando un intercambio interdimensional que nutría aún más la magia del arte.

Los embajadores artísticos, reconocidos como mediadores culturales y visionarios, lideraban proyectos a gran escala que abordaban desafíos globales. A través de instalaciones artísticas, campañas sostenibles y eventos de concientización, demostraban que la colaboración no solo era una expresión artística, sino también una fuerza impulsora para el cambio positivo.

El monumento en la plaza de los Sueños se convertía en el epicentro de eventos internacionales en los que artistas y líderes se reunían para celebrar la magia del arte y discutir estrategias para abordar desafíos compartidos. La obra maestra, ahora cargada de siglos de historia, irradiaba una luz que inspiraba a generaciones futuras a seguir construyendo puentes entre dimensiones.

El Día de la Unión Creativa no solo se limitaba a proyectos artísticos, sino que se convertía en una fuerza impulsora de innovación y cambio social. La colaboración trascendía las fronteras del arte influyendo en la ciencia, la tecnología y la política. La magia compartida se convertía en el motor de una nueva era de cooperación entre la Tierra Encantada y el mundo humano.

Y, así, la sinfonía eterna de belleza, diversidad y magia se convertía en el motor de un mundo donde los sueños compartidos no solo eran una posibilidad, sino una realidad vibrante y sostenible. La colaboración artística se convertía en el tejido que unía los dos mundos en una armonía perdurable recordándole a la humanidad y a las criaturas mágicas que, juntas, podían construir un futuro lleno de maravillas compartidas.

Índice

Capítulo I. El Bosque de las Estrellas......................... 9

Capítulo II. La Estrella del Crepúsculo.................... 15

Capítulo III. El Jardín de los Sueños........................ 19

Capítulo IV. La ceremonia de intercambio de sueños 25

Capítulo V. La Biblioteca de los Sueños................... 27

Capítulo VI. La Noche de las Historias Mágicas.................. 31

Capítulo VII. El Festival de las Artes Mágicas..................... 35

Capítulo VIII. El Baile de las Estrellas 39

Capítulo IX. El Festival de las Artes Mágicas 41

Capítulo X. El Festival de las Estrellas Renacientes 45

Capítulo XI. El Día de la Unión Creativa........................... 51